宫里过端午

《紫禁城》杂志编辑部◎编

故宫出版社

图书在版编目（CIP）数据

宫里过端午 /《紫禁城》杂志编辑部编 . —北京 : 故宫出版社 , 2018.4（2019.5 重印）
ISBN 978-7-5134-1103-5

Ⅰ . ①宫… Ⅱ . ①紫… Ⅲ . ①端午节—风俗习惯—中国 Ⅳ . ① K892.18

中国版本图书馆 CIP 数据核字（2018）第 058491 号

宫里过端午

出版人：王亚民
责任编辑：周利楠 关键
设计：王梓
出版发行：故宫出版社
地址：北京市东城区景山前街4号 邮编：100009
电话：010-85007808 010-85007816 传真：010-65129479
邮箱：ggcb@culturefc.cn
制版：北京印艺启航文化发展有限公司
印刷：北京启航东方印刷有限公司
开本：889毫米×1194毫米 1/16
印张：13
字数：14千字
版次：2018年4月第1版
2019年5月第2次印刷
印数：5001～15000册
书号：ISBN 978-7-5134-1103-5
定价：76.00元

目录

第一章

天中本草

端午节是我国传统节日之一，至今已有两千多年的历史了，它与春节、中秋节并称为中华民族最具影响力的三大传统节日。端午节在历史上有不同的叫法，比如端午、端阳、重午、重五、天中节、五月节等。关于端午节的起源众说纷纭。其中，纪念屈原这一说法家喻户晓。

采艾蒲

清 禹之鼎 画吊屈原图像卷

屈原与端午节的由来

屈原（约公元前三四〇年或三三九年～公元前二七八年），芈姓，屈氏，名平，一名正则，字原，又字灵均。我国战国时期楚国著名诗人、政治家。战国时期楚武王熊通之子屈瑕的后代。少年时代受过良好的教育。早年受到楚怀王的信任，任楚国左徒、三闾大夫，监管楚国内外大事，政治上提倡「美政」，对内主张修明法度、任贤举能，对外主张连横抗秦。后遭楚国贵族排挤诽谤，先后被流放到汉北和沅湘一带。秦将白起于公元前二七八年攻破楚国，屈原得知后，悲愤交加，自沉于汨罗江，以身殉国。《史记》作者司马迁评价屈原：「其志洁，故其称物芳；其行廉，故死而不容。自疏濯淖污泥之中，蝉蜕于浊秽，以浮游尘埃之外，不获世之滋垢，皭然泥而不滓者也。推此志也，虽与日月争光可也。」

屈原是中国历史上第一位伟大的爱国主义诗人，中国浪漫主义文学的奠基人，楚辞这一文学体裁的创立者。梁启超评价他为「中国文学家的老祖宗」，闻一多说他是「中国历史上唯一有充分条件称为人民诗人的人」。他的诗开辟了我国诗歌以「香草美人」为意象的传统，对后世影响深远，其《离骚》、《九歌》等诗篇的出现标志着我国诗歌完成了自发到自觉的过渡。其中《离骚》与《诗经·国风》并称「风骚」，「骚」字也成为后世对诗文的代称，又以「骚客」代指诗人。

据说，屈原被怀王放逐，怀才不遇，报国无门，于农历五月初五投入汨罗江而死，楚国的百姓非常悲伤，每到屈原祭日便投五色丝线绑扎的粽子于水中，来祭祀屈原。又传，屈原投汨罗江后，当地百姓闻讯马上划船捞救，同时敲锣打鼓驱散水中鱼蟹，防止它们食咬屈原，后世传为习俗，发展成为端午龙舟竞渡的习俗。

近现代 傅抱石 屈原图

「端午」一词最早见于西晋周处的《风土记》一书，而早在战国时期，就产生了农历五月是「恶月」的观念，因此人们采用各种方式驱恶辟邪，这在一定程度上体现了传统的

中医文化。中医信奉阴阳调和，认为阴阳和谐是万物滋长、生生不息的保障，阴阳五行观念贯穿在端午节民俗当中。农历五月是一年中白天最长的月份，古人认为这时候阴气和阳

屈原的《离骚》

《离骚》是《楚辞》篇名，是一首记载屈原政治生涯的长诗。「离」是离开的意思，「骚」是忧愁的意思，「离骚」即远离忧愁。诗以理想与现实的冲突为主线，以花草禽鸟的比兴和瑰奇迷幻的神境作象征，借助自传性回忆中的情感激荡，和复沓纷至、倏生倏灭的幻境交替展开全诗，倾诉了对楚国命运和人民生活的关心，「哀民生之多艰」，叹奸佞之当道。主张「举贤而授能」，遵循法度。提出「皇天无私阿」，对天命论进行批判。作品中大量的比喻和丰富的想像，表现出积极浪漫主义精神，并开创了中国文学上的「骚」体诗歌形式，对后世有深远影响。

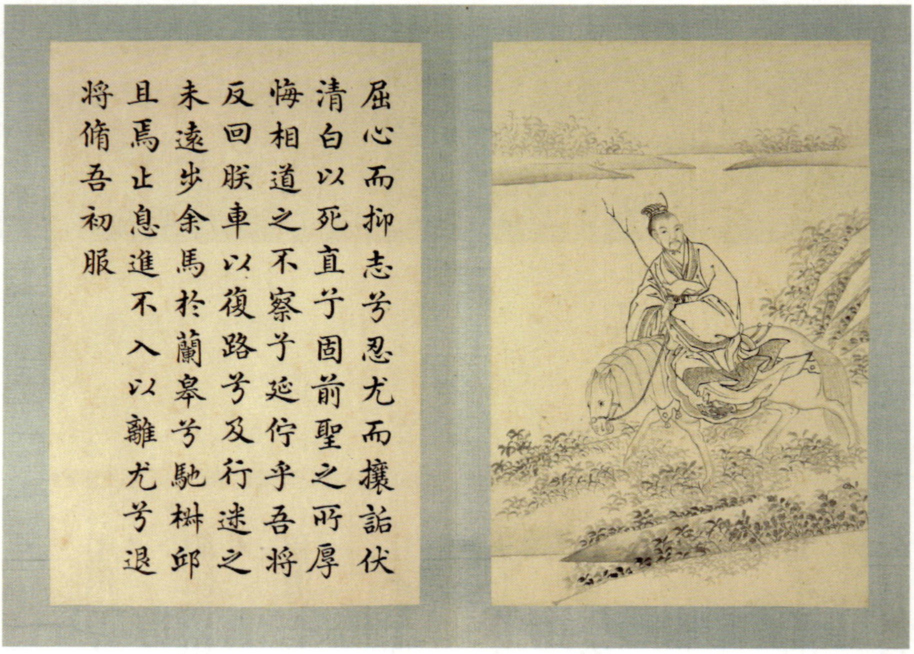

清 门应兆 补绘萧云从离骚图册（局部）

气争斗激烈，生物半死半生，疾病多发。故而端午节的许多习俗都体现出防病、治病、驱除邪气、期盼健康的理念，这与传统中医文化密不可分。

屈原的《九歌》

《九歌》是《楚辞》篇名，是屈原在古代祭神乐歌的基础上改作加工而成组诗，诗中创造了大量神的形象，就其内容而言，大多属于人神恋歌。共十一篇：《东皇太一》、《云中君》、《湘君》、《湘夫人》、《大司命》、《少司命》、《东君》、《河伯》、《山鬼》、《国殇》、《礼魂》，描写神灵间的眷恋，表现出深切的思念或所求未遂的伤感。《国殇》一篇，则是悼念和颂赞为楚国而战死将士。或是屈原逐江南时所作，当时屈原被放逐，「怀忧苦毒，愁思沸郁」，所以通过制作祭神乐歌，以寄托自己的思想情感。

明 文徵明 湘君湘夫人图轴

明　文徵明　湘君湘夫人图轴（局部）

余少時
極高古
偶見画
意略書

宫與日月兮齊光
龍駕兮帝服聊翱
遊兮周章靈皇〻
兮既降猋遠舉兮
雲中覽冀州兮有
餘橫四海兮焉窮
思夫君兮太息極
勞心兮忡〻
右雲中君

清　丁观鹏　九歌图卷（局部）

清　丁观鹏　九歌图卷（局部）

暾將出兮東方照吾檻
兮扶桑撫余馬兮安驅
夜皎皎兮既明駕龍輈
兮乘雷載雲旗兮委蛇
長太息兮將上心低佪
兮顧懷羌聲色兮娛人
觀者憺兮忘歸縆瑟兮
交鼓簫鍾兮瑤簴鳴篪

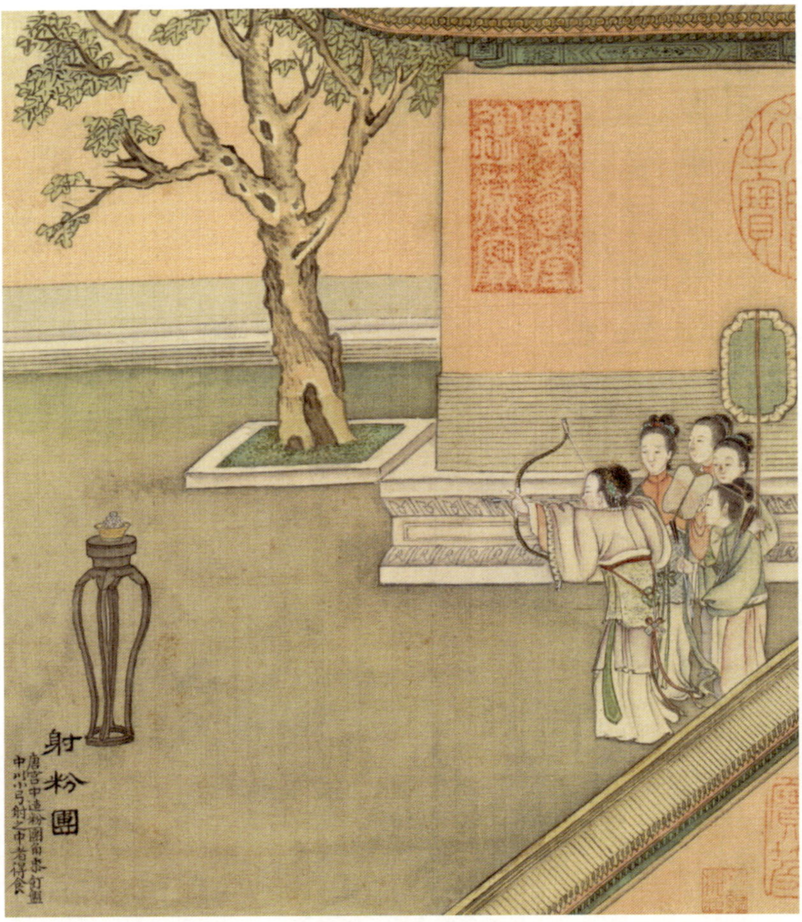

清　徐扬　端阳故事图册之「射粉团」

清　徐扬　端阳故事图册之「裹角黍」

清 手工编结
小莲蓬、小粽子

乾隆皇帝在端午节怎么吃粽子？

据乾隆十八年端午节的膳单所载，五月初一至五月初五，宫里一共使用了两千多个粽子，称为「粽席」，端午节当天，宫中几乎不吃别的东西，光吃粽子，皇帝桌上摆的粽子最多，皇后次之，皇太后和其他妃嫔又次之。吃粽子前，还要做一些射粽的小游戏，乾隆爷很喜欢这种游戏，为此赋诗：「亲教宫娥群角黍，金盘射得许先尝。」也就是把若干粽子放在一个盘子里，让宫娥们用小角弓射，谁先射中谁先吃，非常有趣。

为了这大批量的粽子，御膳房调配帮手，包粽小能手们夜以继日，包粽子包到天昏地暗，而且还要精心设计，研发新品，讨乾隆欢心，一直到乾隆满意才行。乾隆爷为此也颇为得意，为此赋诗说「粽席蒲觞苓令辰，天中景物一番新」，大加称赞。

清 郎世宁 午瑞图轴

清 徐扬 端阳故事图册之「观竞渡」

郎世宁与他的《午瑞图》轴

郎世宁是康熙、雍正、乾隆三朝供职于清廷的意大利画家，其绘画以融合中西著称。《午瑞图》虽然表现的是中国端午节的传统习俗，但画法上则西洋风味儿十足。图中所画，都是与端午节相关的节令物品，除了诸多花草、时鲜外，更以写生的手法描绘了端午节的节令食品——粽子，可以让我们一睹清代粽子的模样，十分难得。

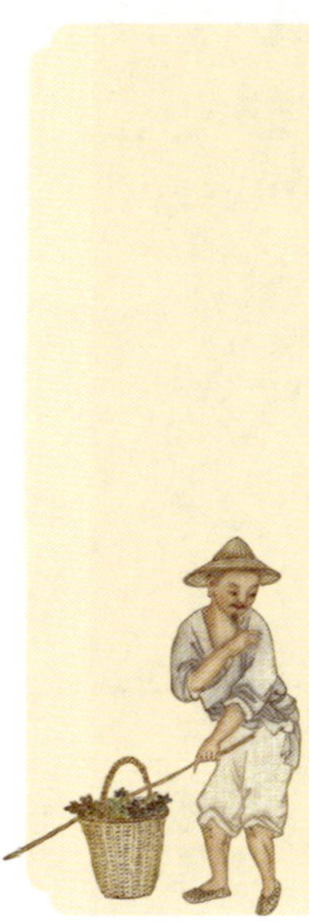

明　郑重　龙舟竞渡图轴

郑重与他的《龙舟竞渡图》轴

郑重，明代著名画家，善画山水、佛像等。其绘画被丁云鹏推为赵伯驹后身。此图描绘的情景正是端午时节，中国南方地区的湖区景象。画面采用马远一角式构图，观看赛龙舟的老少人等集中在画面右下角的岸边，掩映于湖光树石之间，亦有人骑于树干枝头，以便获取更好的观赛角度。而画面大量的留白则形成了烟波浩渺的湖面，湖上四只龙舟、一只凤舟正在挥桨竞渡。远山若隐若现。整幅画面精致工丽而不失活泼，为风俗画的佳作。

元人绘 龙舟夺标图卷

采集百草是端午节的重要习俗，古人认为，端午节这天采集的药材效果最好。这些植物药材的一个重要用途是洗澡，古人称之为「沐浴兰汤」。「汤」字的本意思并不是指食物，而是热水，而「兰汤」就是其中加有兰草的热澡水。后来，水中添加的药材逐渐丰富起来，除了兰草，还包括艾蒿、桃叶、柳叶或者菖蒲，有时候是各种草药的混合。

清 徐扬 端阳故事图册之「采药草」

古人希望通过在端午这天「沐浴兰汤」达到卫生保健的作用，防止疾病的侵袭。

清　余穉　端阳景图轴

除了「沐浴兰汤」，采集来的百草还有多种用途。道教《道藏经》中的《菖蒲传》说菖蒲是「水草之精英，神仙之灵药」。它的根茎有镇痛、健胃、利尿等多种医学功用。《本草纲目》中写到菖蒲的时候说，它可以治疗耳鸣、头风、泪下等疾病。此外，菖蒲常常被制成蒲剑、蒲人或者蒲鞋，在端午节期间用以装饰和辟邪。菖蒲的叶子直而尖，外形酷似宝剑，故而称其

清 竹根雕采药老人

为「蒲剑」，悬挂在家门口有保护家庭安宁，驱魔辟邪的寓意。宋明时期将菖蒲制成人形以辟邪，就是蒲人。明清时期，北京城流行在端午节穿蒲鞋。据史料记载，当时的北京人无论地位高低，每年的端午节都要买新的蒲鞋，必穿蒲鞋度节。

清　碧玉采药图山子

艾蒿也是良好的中药材。据《本草纲目》记载，艾草气味芳香，能通九窍，治疗疾病。每年的农历五月正好是艾蒿成熟，药性最好的时期，端午节采的艾蒿，药用价值相当高。山西大同的人们通常在端午节前一天傍晚采集艾蒿，在端午节当天清晨，用加入艾蒿的水洗脸，以此寓意消除疾病。艾蒿还被制成艾人、艾虎，主要用以辟邪。晋代最早流行将艾蒿悬挂在门上的习俗，到了南北朝时期，为了提高其辟邪功能，人们将艾蒿捆成人的形状，就形成后来

王时敏与他的《端午图》轴

王时敏，清代画家，「清初四王」之一。《端午图》是王时敏为端午节所作的节令画，描绘了菖蒲、蜀葵、玉簪以及蔷薇等几种初夏的时令花卉。民间习俗在端午节时将菖蒲、艾草编结，用以熏避蚊虫，因而菖蒲、艾草是端午节的代表物。《端午图》所绘花卉笔墨简练洁净，清新古雅，表现了吉祥喜庆的意境。

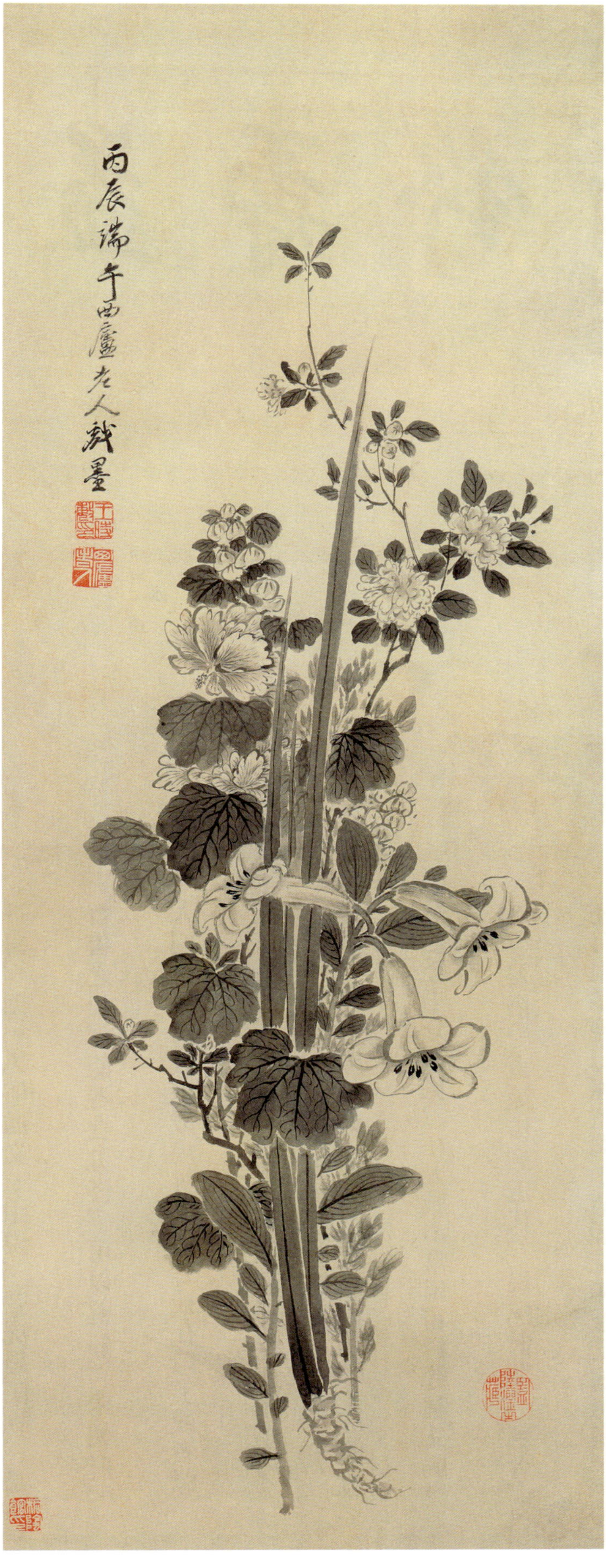

清 王时敏 端午图轴

清 弘历
御笔写生菖蒲图卷

流行的端午节挂艾人习俗。中国古代将虎视为神兽，据《风俗通义》中说，老虎是阳物，是百兽之长，能吞食鬼怪，可以辟邪。宋朝时，人们将艾蒿编织成虎头形状悬挂在门上或者佩戴在头上、身上。佩戴在头上的艾虎比较小巧，最小的只有黑豆大小。明清时期佩戴艾虎的习俗已经十分常见，在大城市常用布料缝制艾虎。这一习俗一直流传到近代、民国时期。现今，还有很多地方保留端午节插艾和戴艾的习俗。

清 徐扬 端阳故事图册之「悬艾人」

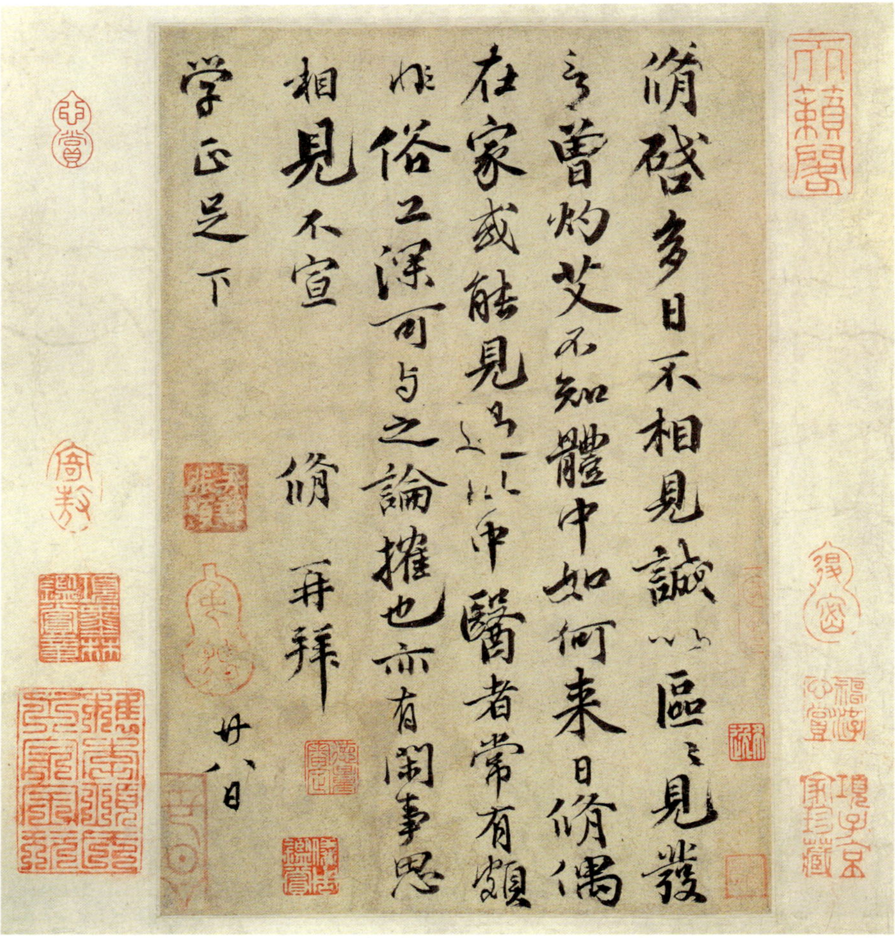

宋 欧阳修 行书灼艾帖卷

何为灼艾？

灼艾是一种中医疗法，即用燃烧的艾炷或艾条熏灸人体的一定穴位，以祛除病痛。中医十分重视灸艾，在《扁鹊心书》中就说「保命之法，灼艾第一」，而灼艾所用的艾炷、艾条则多在端午期间采集制作。

清 霁蓝釉艾叶洗

清 邹喆 墨艾图轴

宋 磁州窑白地黑花虎纹枕

枕虎而眠——枕头上的老虎

磁州窑白地黑花虎纹枕，圆形，白地黑花，枕面上绘端午期间常见的虎纹，虎双目圆睁，回首张望，神态凶悍，极其传神。虎为阳物，为百兽之长，以瓷枕作虎形或装饰虎纹，在端午期间使用，寄予了古人驱邪避灾，消除疾病的愿望。

金 褐色釉黑虎枕

清　杏黄色菊蝶纹纱画虎纹小单袍

清　杏黄色菊蝶纹纱画虎纹小夹袜

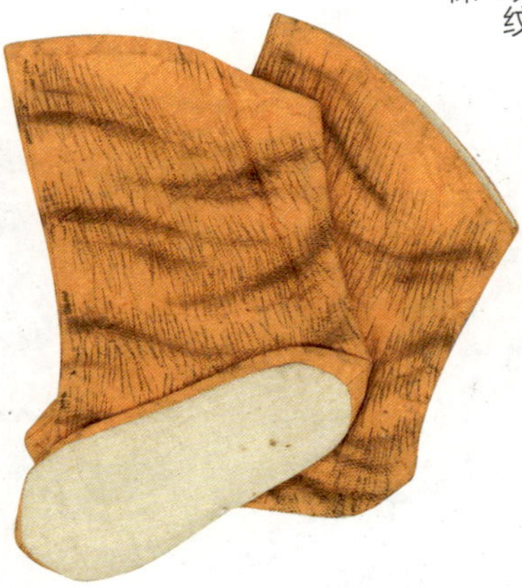

清　杏黄色菊蝶纹纱画虎纹小单套裤

清　黄色缎钉金线绣虎头纹小夹鞋

清 杏黄缎虎头式棉风帽

虎头虎脑、虎虎生威——扮老虎

清宫旧藏一套同治皇帝幼年时期端午节期间所穿的便服，衣物以轻便透气的杏黄色菊蝶纹实地纱为面料，上以墨笔描绘虎皮纹。端午节期间，家长将孩子装扮成老虎，寓意借虎驱邪，保佑子女健康平安成长。此外，端午期间还有画额习俗，即以雄黄酒于孩童额头上书写「王」字，象征老虎，借老虎的威势来驱虫辟邪。穿虎衣，画「王」字，端午节期间的孩子真可谓是虎头虎脑、虎虎生威了。

清 绿色缎绣云蝠平金虎太极图仙童衣

明 田黄石卧虎

唐 白玉镂雕双虎环佩

饮雄黄

饮药酒也是端午节的一大重要习俗，药酒主要指菖蒲酒和雄黄酒，古人认为，端午节饮药酒可以强身健体，驱邪祈福。李时珍在《本草纲目》中介绍到：菖蒲酒，可以治疗三十六风，一十二痹，通血脉，治骨质疏松，长期服用可以耳聪目明。雄黄具有很强的毒性，加热到一定的温度后会产生剧毒砒霜，但同时又有很好的药用价值，雄黄酒的制作方法是将雄黄碾碎，溶解在酒中。除了直接饮用，雄黄酒还被喷洒在房间，涂抹在孩子

清　银烧蓝花暖酒壶

们的耳朵、鼻子上，以避免毒虫蛇蝎的侵袭。《燕京岁时记》中记载，每年到了端午节，从五月初一开始，用雄黄酒洒在地上或者涂在小孩的脸上可以辟邪驱毒。雄黄酒辟邪的说法还出现在「许仙与白娘子」的传说中。相传，白蛇修炼千年，幻化成人形，与许仙成亲。不料，在端午节喝了雄黄酒之后，原形毕露，竟然把许仙吓死了。雄黄酒的辟邪威力由此可见。

清 黄酒坛

清 丁观鹏 夜宴桃李园图卷

清 银温酒器

清 库使额尔得尼款 银酒提

清 银酒壶

清　丁观鹏　夜宴桃李园图卷（局部）

清　银花鸟纹酒葫芦

清 锡酒壶

清 雍正款粉彩荷莲玉壶春瓶

清　斗彩玉壶春瓶

玉壶春瓶名字的由来

玉壶春瓶，其形制为撇口、细颈、垂腹、圈足，这样的造型是由唐代寺院中的净水瓶演变而来，在北宋基本定型。是一种用来装酒的实用器具。在唐代人们多称呼酒为「春」，有「玉壶买春」之语，玉壶春瓶的得名当与此有关。

東坡游赤壁圖

沉香木杯还是犀杯？

张希黄款沉香木刻赤壁图酒斗依材料的天然形状随形雕成，器表以浮雕手法刻画宋代文豪苏轼赤壁夜游的故事。口沿处刻「东坡游赤壁图」六字及「希黄子」款，据此知此为明代雕刻高手张希黄的作品。此酒斗雕刻技法娴熟，所刻人物、景致栩栩如生，可见名匠之功力。沉香为珍稀的木材，其色泽与犀角的颜色酷似，如不细察，极易混于犀杯之类。

明 张希黄款沉香木刻赤壁图酒斗

清 丁观鹏《夜宴桃李园图卷》（局部）

臣丁觀鵬恭繪

佩五毒

明清时期，香囊成为端午节的重要佩饰，佩戴在身上可以起到驱除病虫害的效用。香囊里面通常装有朱砂、雄黄等药物或者沉香、伽南、龙涎一类的香料，用丝布作外包，制成不同形状。端午节佩戴香囊的习俗在中国大地广为流传。在河南、山西等地，香囊形如粽子，外缠五色线，内装有艾叶、雄黄一类的中药材，戴在身上，驱病驱邪。湖北等地的香囊制作成菱形或者猴子的形状，背在孩子的背上。在河北邯郸，姑娘们会

清　檀香木雕云龙纹椭圆佩

在五月初四采集艾叶，缝制成香囊，佩戴在胸前或者辫子上。另有一些地方在端午节前一天开始佩戴装有艾草的香囊，在端午那天下午扔掉香囊。

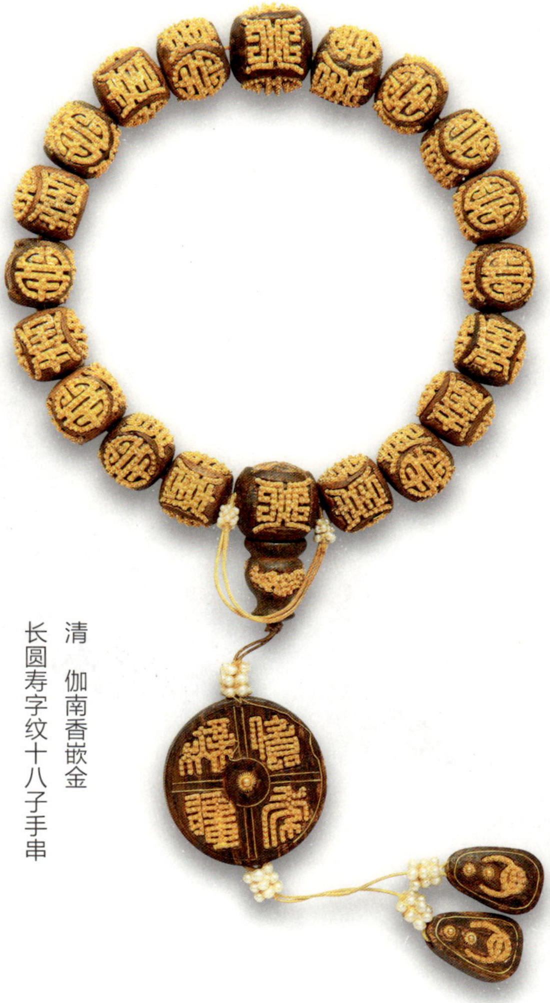

清 伽南香嵌金
长圆寿字纹十八子手串

清 伽南香样

清 龙涎香

清　金镶伽南香嵌金丝寿字镯

清　严露香

清 彩色香饼

除此之外，佩戴有「五毒」图案的佩饰是端午节的另一重要习俗。「五毒」一指蝎子、蜈蚣、蛤蟆、蛇、蜘蛛、蜥蜴、老虎中的五种。事实上，这些动物中有些并没有毒性，有些毒性不大，但在古人心中，他们都很危险。由于仲夏五月是恶月，蚊虫毒物滋生，邪气较重，古人便绘制五毒图案，利用它们驱散邪气，也就是人们熟知的「以毒攻毒」。传统的中医学认为，物性相制从基本原理上来说就是一种以毒攻毒。具体来讲，是说

即使存在于不同的系统内，具有相同或相似性质的事物之间存在相生相克的关系。利用五毒图案驱散端午时节的邪气，使用的便是这一原理。根据《岁时杂记》的记载，早在宋代，人们在端午节除了会把艾蒿和人工仿制艾蒿插在头上，还会在艾蒿上装饰蜈蚣、蛇、蝎子等动物的模型或者图案。明清时期，这一习俗广泛流行，明代妇女在端午节时有头上「簪五毒」的习俗。

明 红地奔虎五毒妆花纱裱片

清 黄色缎钉绫绣人物纹香袋

红地奔虎五毒妆花纱裱片

织物以平纹方孔纱为地，以金线、彩线织虎和五毒纹，虎是兽中之王，中国古代敬虎为四方神之一，能驱妖镇宅，称「镇宅神虎」。五毒一般指指蛇、蝎子、蜈蚣、蟾与蜥蜴，用这五种体内带毒的动物做装饰，其用意是以毒攻毒，驱灾避邪。

清　黄色缎平金绣五毒葫芦纹烟荷包

清 象牙雕夔龙纹香匣

清 金镶珠石累丝香囊

清　青玉镂雕蝠寿
荷包式香囊

清　碧玉透雕
石榴式香囊

清 嵌螺钿大喜纹葫芦式紫金锭佩

清 嵌螺钿长方形紫金锭佩

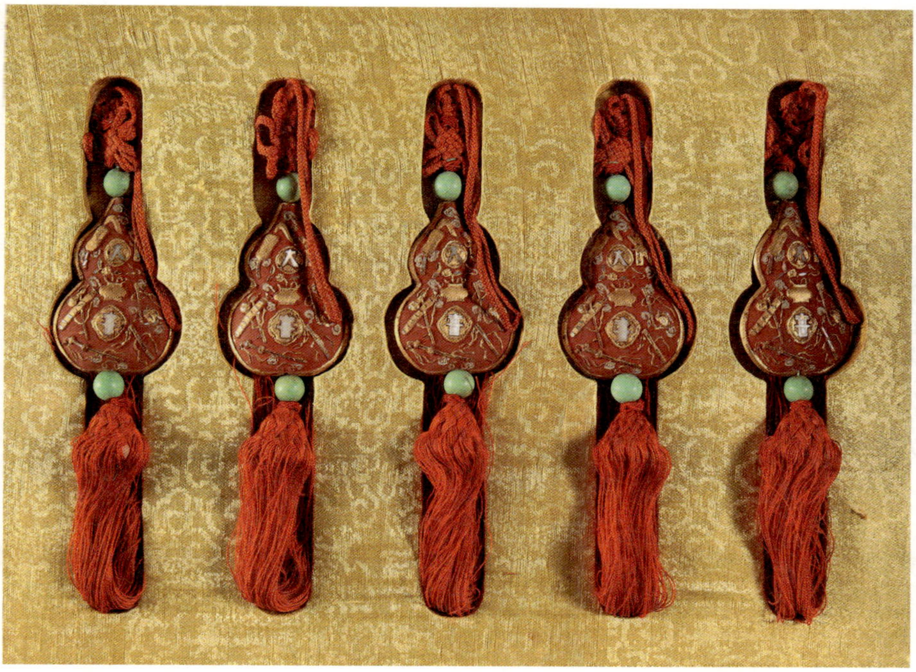

清 嵌螺钿大喜纹葫芦式紫金锭佩

端午节期间宫中制作的紫金锭

《红楼梦》第二十八回里写元春赏赐给宝玉、宝钗二人「红麝香珠二串」，赏赐给黛玉并贾府三姐妹「扇子和数珠儿」，赏赐给李纨、凤姐二人每人「两匹纱、两匹罗、两个香袋、两个锭子药」。这里反映的便是清宫内廷端午赏赐官眷臣工锭子药等防暑驱邪物件的定制老例。

锭子药是清宫内廷为了祛邪治病，防疫健身而制作的一类药物的总称，一般在端午节前大量制作，主要是作为防暑药御用，比如光绪皇帝曾经因湿热，胸上起疹子，御医的主治方案便是「用百步淬酒外涂的同时，以紫金锭醋研涂抹」。这紫金锭便是「文蛤二斤，大戟一斤，山慈菇一斤六两，千金子去油十两，朱砂七两，雄黄五两五钱，麝香三两」相配而成，主治「中暑痢泻、疔疮疖肿丹毒」等症。后来为了加大药效治疗光绪皇帝的皮肤红疹，还在前述「皇上敷药方」中又加入了一味「蝎尾」以收全效。锭子药在清宫用量极大，直至逊帝溥仪一九二四年被逐出紫禁城，故宫御药房保存最多的仍是锭子药，一九七〇年故宫将封存近百年的紫金锭打开包装，里面的药依旧色泽鲜润，药香浓郁。

传承了两千多年的端午节汇聚着中国传统文化精髓。端午节祭奠屈原、吃粽子、赛龙舟等习俗是我们所耳熟能详的。除此之外，端午节透露出浓郁的中医文化气息，「沐浴兰汤」、采集百草、饮雄黄，广泛使用的辟邪饰物，无不承载着人们对于身体健康，远离疾病，消灾消难的美好希冀。

清 紫金锭朝珠

清 花篮形嵌螺钿药锭（两件）

第二章

端阳颁赐

我国每年农历五月初五为端午节。「端午」原作「端五」，意即五月开始。因「午」与「五」同音，「端五」又被称为「端午」。此外，端午节还有天中节、天医节、龙舟节、粽子节等别称，而在清宫档案中多将端午节记为「端阳节」。

色彩缤纷的绸缎

唐　李昭道（传）　龙舟竞渡图页

人们过端午节最早的初衷是避邪驱疫，自六朝开始又加入祭祀屈原的传统，从而大大丰富了端午节的文化内涵，并使端午节成为我国活动最为丰富的节日之一。端午所在的农历五月暑气上升，疾疫及毒虫滋生，民间便有了有驱疫辟邪的习俗，门悬艾叶菖蒲、张贴天师灵符、佩带香囊艾虎、沐浴春兰汤等，后来为祭祀屈原又加入了龙舟竞渡以及吃粽子等活动。就明清两代宫廷而言，庆祝端午的内容虽与民间类似，不离避邪驱

明 嘉靖款剔彩莲塘龙舟纹荷叶式盘

毒的主旨，但更显丰富多彩。一般而言，宫中端午的习俗包括饮用含有菖蒲和雄黄的酒、在宫门口悬挂天师斩五毒的吊屏、佩戴避暑驱邪的香袋或香囊、赏石榴花、观龙舟竞渡、演出与驱邪避病相关的节令戏、射柳以及击球等。除此之外，还有非常重要的一项，就是皇帝在端午节时期对皇亲、公侯、百官、国子监生、士兵、百姓、朝贺使节等人员的赏赐。

端阳颁赐

明　洒线绣五毒花卉经面

洒线绣五毒花卉经面

经皮以黄色直径纱为地，用红色衣线绣菱形锦纹地，又以红、蓝、绿、白为主色调，用十多色衣线和绒线绣花纹。下部为葵花和莲花，在蜀葵花硕大的叶子上装饰蝎子和带有翅膀的蜈蚣，以此作为装饰纹样，有驱灾辟邪的目的。明代经皮多以其他布料改作，根据装饰纹样，此织物原来或为端午期间制作衣物所用。

清　黄色缎平金绣五毒葫芦纹镜套

我国自古以来就是纺织业大国，历朝历代创织的纺织品纱、罗、绮、绫、绡、缎、锦等品种多样，其中纱罗类织物轻薄透气，十分适合在端午前后炎热的天气里穿着，成为皇帝在端午节赏赐的主要内容。比如永乐十六年的端午节，明成祖就赏赐给翰林学士杨荣、金幼孜二品的织金罗衣服各一套。

除了纱罗一类的应季织物外，在一些宫廷里举办的竞舟、击球、射柳等端午活动中，皇帝还会依据获胜者身份、地位的不同，赏赐不同种类的布料。

洪武二十四年的端午节，明太祖朱元璋临幸了南京附近的龙光山，在龙光山的湖光山色中观看贵族子弟以及将军、校尉进行射柳比赛。射柳是一种练习骑射技巧的竞技游戏，主要在端午节期间举行。话说

近代　杨令茀　重摹明太祖朱元璋像

春秋时期楚国有一个著名将领名字叫养由基，非常善于射箭，距离百步之外能射中柳叶，且百发百中，吸引周围观众达到上千人。射柳这种游戏即来源于此。明代的射柳，不同以往，不是以射中柳叶为目标，而是将鸽子装在葫芦中挂于柳梢之上，以弓箭射之，以飞鸽飞出

近代 杨令茀 重摹明成祖朱棣像

的高度来判定胜负，胜负变数更大，更加激烈紧张、扣人心弦。当天射柳活动的获胜者史书上没有记载其姓名，但参赛的人凡是射中者都得到了皇帝颁赐的彩色丝绸作为奖品。

明初的皇帝似乎都喜欢在端午节这一天举办一些游艺竞技活动，与王公大臣同乐。永

清　绿色团荷莲纹芝麻纱（局部）

清　雪青色花卉佛手纹实地纱（局部）

清 湖色大蝴蝶纹直径纱（局部）

清代夏季纱料的使用和更换

纱的种类很多，清代在夏季习惯以实地纱、芝麻地纱、直径纱这三类依次更换。为何单单一个夏天，就要换这么多种纱？这和不同品种纱的结构疏密程度有关。纱织物的经纬组织分为地组织和花组织两种，调整地组织和花组织的结构，便可以得到不同致密程度的纱品种，清透凉爽程度不同，以适应细微的气温变化。首先是实地纱，用类似绢绸一类的较密实的平纹作地，其上再以一绞一的镂空纱组织显花，是纱类中最致密的，就像在绸上打了细小的孔眼花纹一样。接下来是芝麻地纱，又叫芝麻纱，地组织很特别，是绞纱与平纹组织结合而成的一种小几何纹地，看起来像一粒粒芝麻眼，在此基础上可用其他组织显花，比实地纱要稀疏一些，也是端午前后比较常用的衣料。直径纱的地组织更为清透，又叫亮纱，与实地纱相反，是用标准的一绞一纱组织为地，平纹显花，其经细纬粗，适合端午后更炎热时穿着。在各种纱的基础上再进行刺绣、妆花、织金、印染，可制成更加炫目华丽但依然轻薄的夏季衣物。

什么是葛纱？

葛纱，是用葛织造的轻薄织物，葛为多年生草本植物，其纤维可用以织纱，是最清透凉爽的材料。自先秦时代开始中国人就开始依靠葛布度夏，「葛」几乎成为夏服的代名词。清代在夏季最酷热的时候更换葛纱，清《燕京岁时记》中「赐葛」条记载：「内廷王公大臣至端阳时，皆得恩赐葛纱及画扇。」又「换葛纱」条下记：「每至六月，自暑伏日起，到处暑日止，百官应服万丝帽、黄葛纱袍。」

清 湖色龟背小朵花纹葛纱（局部）

清 本色棋子纹葛纱（局部）

乐十一年的端午节，成祖车驾至皇城东苑，观看射柳、捶丸。捶丸是一种类似今天高尔夫球的游戏，与高尔夫球的玩法一样，都是以球棍击球入洞为胜。在故宫博物院藏《明宣宗行乐图》中，就可以看到皇帝捶丸的形象。永乐十一年端午节的这场比赛，皇太孙、诸王大臣依次击射，皇太孙击射连发皆中，成祖非常高兴，除了赐给皇太孙锦、绮罗、纱等匹料外还有称为「蕃国布」的外国布料。

明人绘 明宣宗行乐图卷（局部）

明　绿色云龙纹妆花缎衣料

明　香色缎补洒线绣四团龙纹袍料（局部）

明人绘《明宣宗行乐图卷》（局部）

明人绘　明宣宗行乐图卷（局部）

明　明黄色云龙缎补

洒线绣百花攒龙纹袍料（局部）

明 黄色缎补洒线绣四团金龙纹袍料（局部）

清　冷枚　养正图册（局部）

清 蓝色地福寿三多龟背锦（局部）

清　大红色八仙富贵万寿纹妆花缎（局部）

清　鹅黄云纹八宝八仙织金绸（局部）

君臣际会的筵宴

明清宫廷逢重大节庆都会举办筵宴，端午节作为一年中最为重要的节日之一，也不例外，而且成为国家定制，据万历朝重修的《大明会典》载，端午节筵宴根据食用者的地位，分为三等，其中上桌「按酒五盘，果子，小馒头，汤三品，糕一碟，粽子一碟，菜四色，酒五盅」，中桌「按酒四盘，果子，小馒头，汤三品，糕一碟，粽子一碟，菜四色，酒五盅」，甚至教坊司的乐人都能得到皇帝的酒饭赏赐。宴会期间不仅会有好吃好喝，君臣之间还会进行诗文唱和。明宣宗在《端阳赐宴诗》中说：「南熏殿上日华明，文武衣冠总俊英。角黍蒲醪开宴集，何如往

代赐枭羹。」其中「角黍」就是粽子，「蒲醪」就是菖蒲酒，「枭羹」更涉及了汉代端午节的一条典故：汉代朝廷得到了一些进贡来的枭鸟，因为枭这种鸟在古代传说中是食母的恶鸟，不孝，所以在五月五日端午这天，皇帝下令将枭鸟都做成了羹汤赐给了群臣。明宣宗的这首诗，不仅赞扬了群臣，更借此故事，表达了与百官一同除恶臣世的政治理想。

清 填漆描金
铜包角宴桌

清 姚文瀚 弘历紫光阁赐宴图卷（局部）

食盒的发展和起源

明之前，食盒的使用并不普遍。尤其宋之前，外出就餐多用囊袋来盛装，「酒囊饭袋」这一成语就来源于此。在宋代食盒才初露端倪，根据北宋诗人文彦博说，有人曾经送给他一套「游山器」，「质轻而制雅，外华而中坚，匪惟便于资持，实为林下之珍玩」，或许就是后世食盒的起源。到了明清时期，随着文人士夫逐渐参加到食盒的设计和制作中来，食盒这一日常生活用品越发的精巧雅致起来。

清　银里花梨木雕花食盒

银里花梨木雕花食盒，制作工艺精细，内有五层，内盛放梅花式银酒壶、匏镶银里酒杯、花梨木镶银里各式盘碟，还备有乌木筷子，便于携带酒膳。

清　剔红海水龙珠纹多宝格式长方提匣

清　剔红赤壁赋图方形委角四层盒

清 黑漆描金葫芦式盒及内盛成套餐具

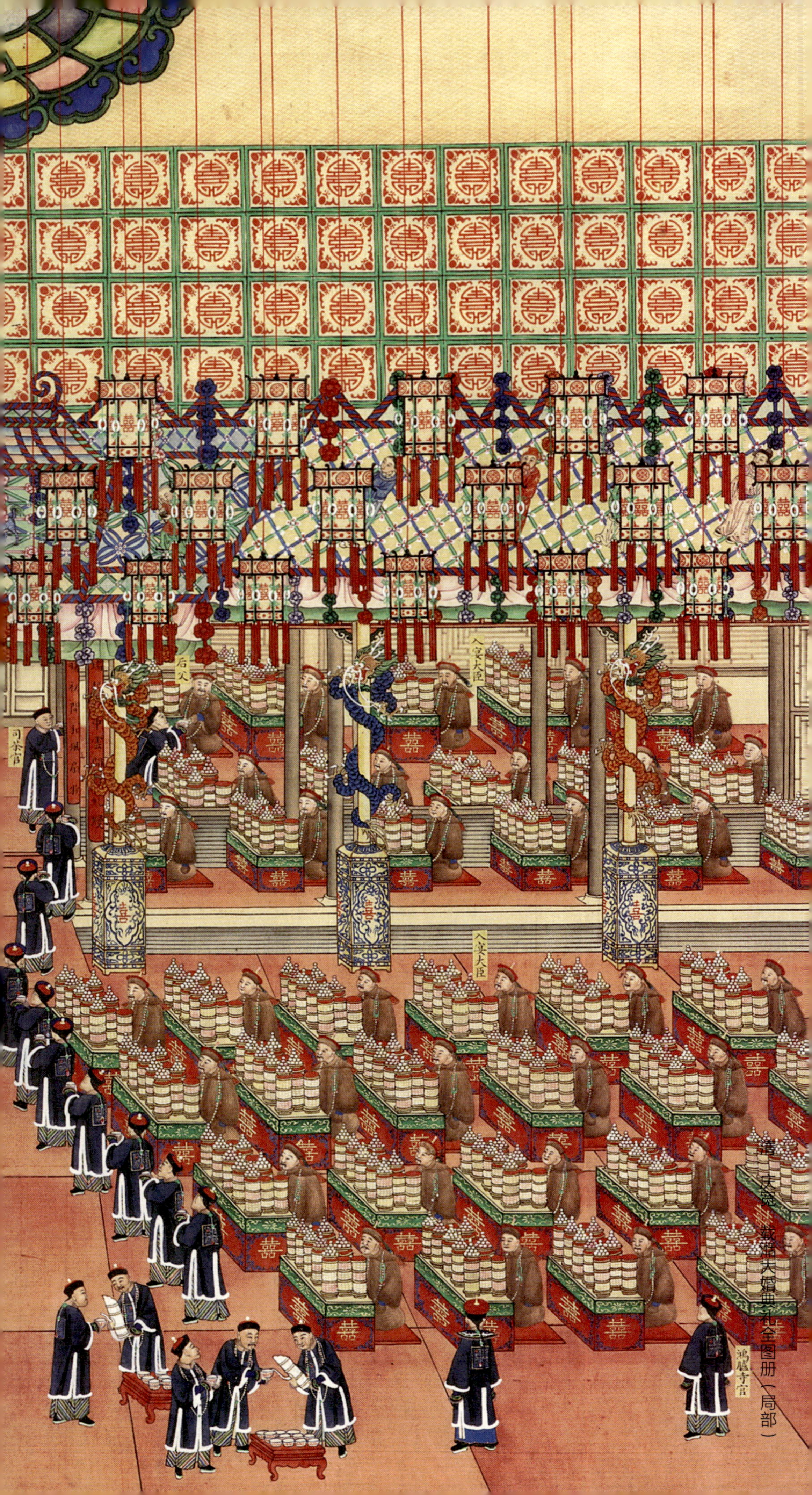

清 庆宽 载湉大婚典礼全图册（局部）

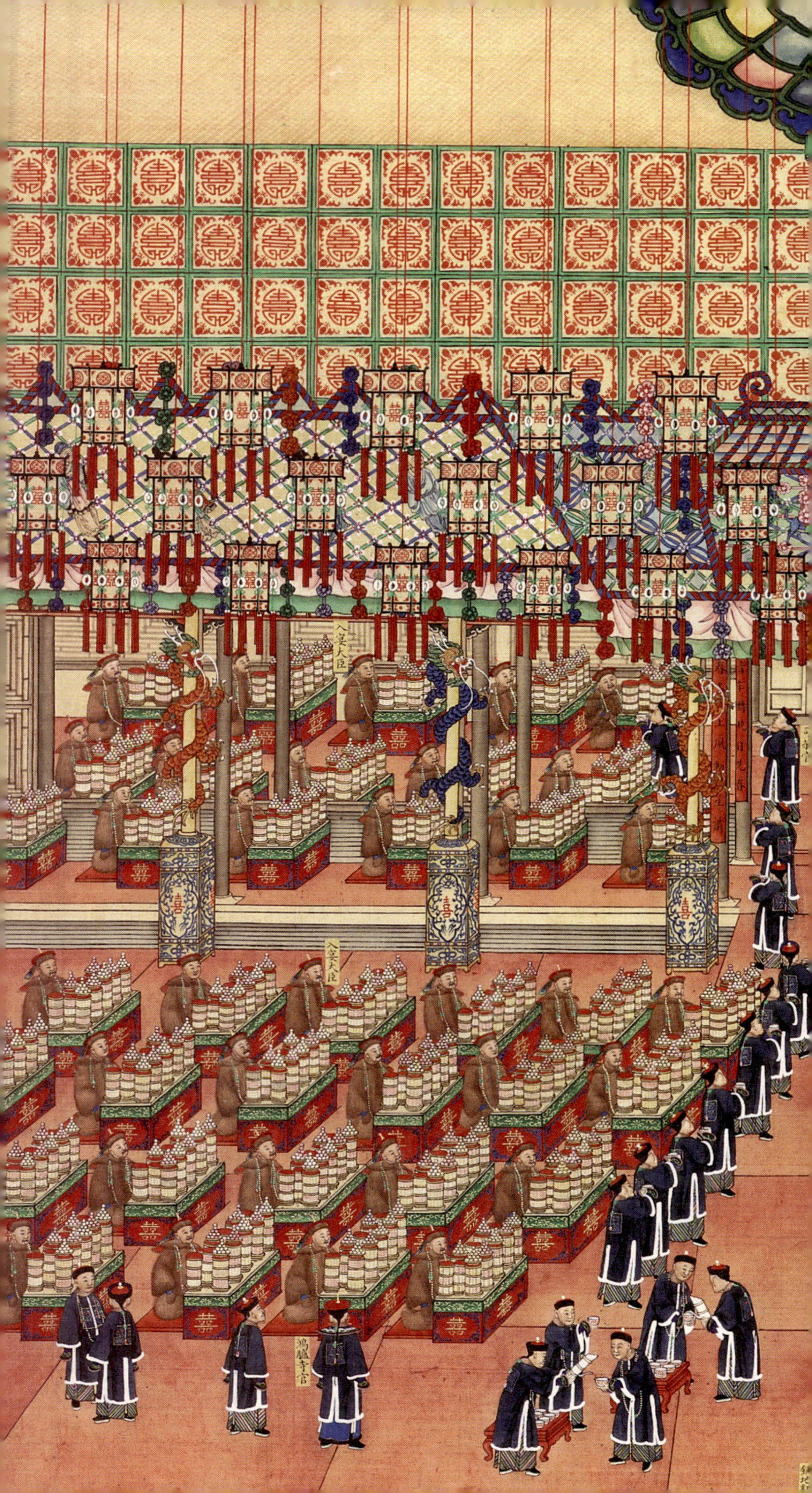
入宴大臣
入宴大臣
鴻臚寺官

清　锡海棠式一品锅

清 锡一品锅

清　康熙款黄釉

划花云龙纹折沿大盘

明　宣德款蓝釉白花鱼莲盘

清　乾隆御用款白玉双耳嵌宝错金碗

明　弘治款黄釉墩式碗

清人绘　万树园赐宴图

清　白玉夔龙柄葵花碗

清 徐扬 端阳故事册之「赐枭羹」

清 乾隆款碧玉爵杯盘

清 金镶青玉筷

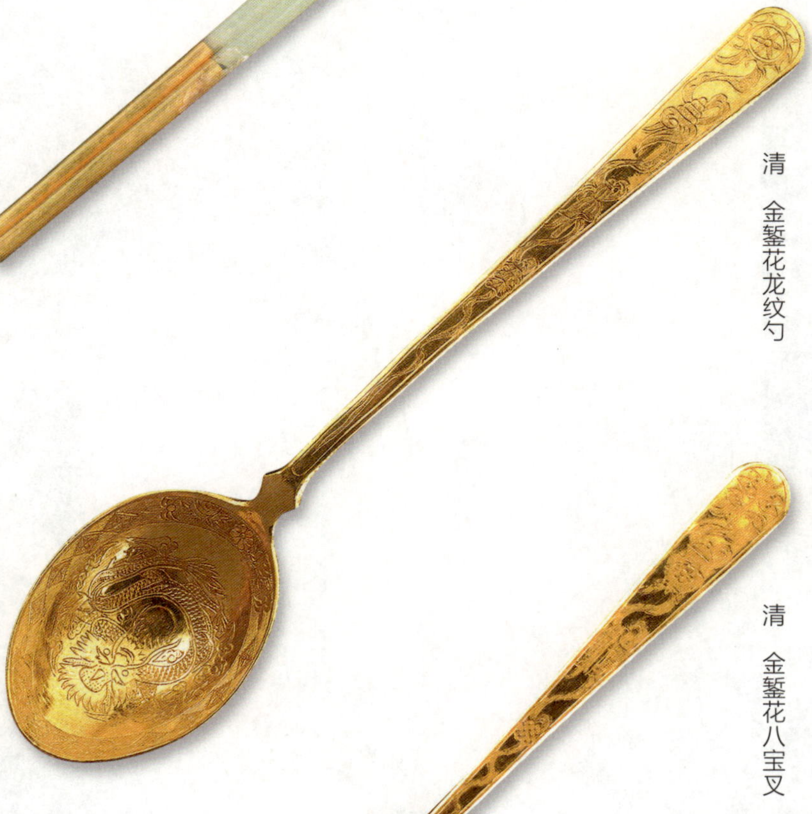

清 金錾花龙纹勺

清 金錾花八宝叉

齿颊留香的清茶

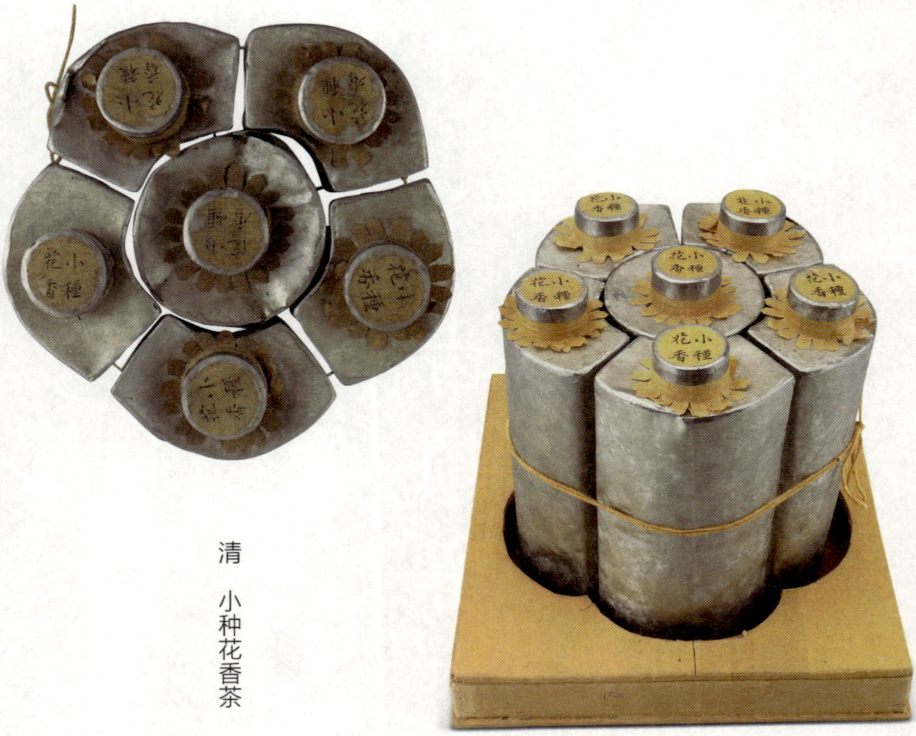

清 小种花香茶

茶是我国特有的植物饮品，具有食用、药用价值，《神农本草经》中便有「神农尝百草，日遇七十二毒，得茶而解之」的记载。端午节时值仲夏，气温逐升，湿气增强，蚊虫多扰，疾病多发，这时候自然少不了祛晦安神、防暑解渴的茶。在端午节期间皇帝常将茶叶作为礼物馈赠给家人和大臣。如乾隆五十一年的端阳节，乾隆帝赐妃嫔等人以及十公主大普洱茶六个，女儿茶三十个。嘉庆二十五年的端阳节，

清 菱角湾茶

清 碎普洱茶膏

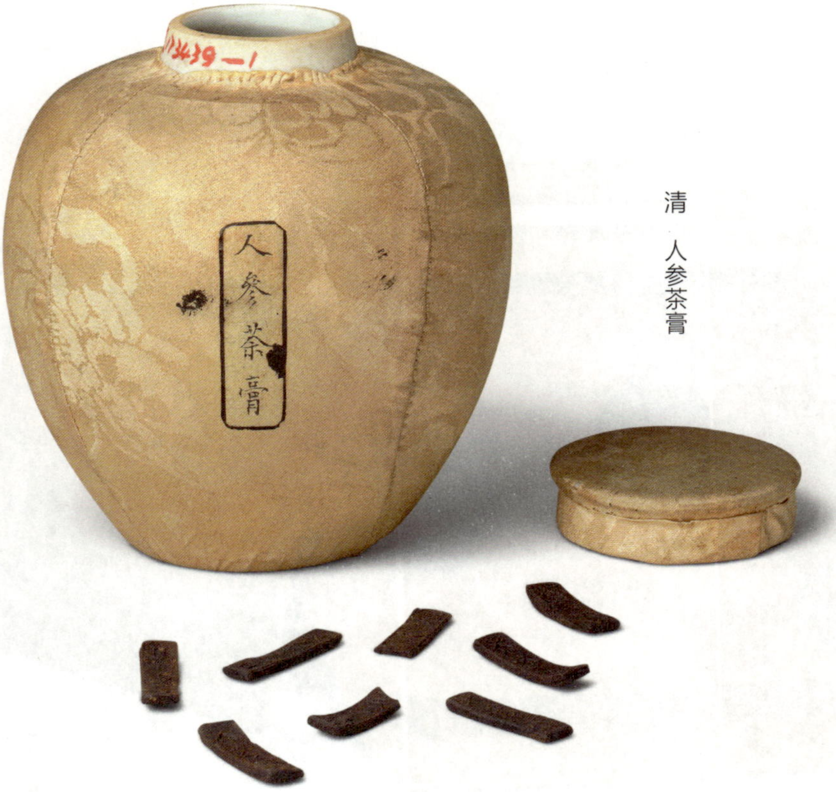

清　人参茶膏

清　桦木手提茶具格

清 康熙款青花松竹梅图茶壶

清 乾隆款粉地粉彩开光菊花纹茶壶

什么是匏器？

匏器，又称葫芦器，即用葫芦制作的器皿。其制作方式主要有两种，一种是以成熟的葫芦，依其天然行状加工制成各种形态的器物，主要工艺有雕、镂、拼、镶等。另一种则是将模具套在正在生长的葫芦上，使其长成与模范相同的样子，故而又成为「范制葫芦器」，康熙款匏制勾莲茶壶与乾隆款镶银里葫芦蕃莲寿字茶盅便属此种。

清　乾隆款镶银里葫芦番莲寿字茶盅

清 康熙款匏制勾莲茶壶

嘉庆帝进皇太后、诚禧皇贵妃等位大普洱茶八个，女儿茶五十个；赏王子大臣翰等普洱茶三瓶，花茶五瓶；禄喜等普洱茶二十四瓶；如喜、陆福寿、长寿、寿喜、倪四官普洱茶十一瓶。从上到下，无一遗漏。

善扬清风的纨扇

扇子乃夏天必备之物，而且「扇」、「善」谐音以及扇子「善（扇）扬仁义之风」，它还是吉祥、清正的象征。颐和园内乐寿堂旁边的扬仁风殿，平面呈扇面形，正是利用了扇子这一象征意义，起到标榜帝王仁政的作用。故宫博物院藏扇近万件，形式上大体分为折扇、团

清 竹股雕花边道光帝书画花卉图面折扇

扇两种，材质有纸、绢、绸、缎、纱、缂丝等，还包括部分羽扇、象牙扇、芭蕉扇等。端午节正值仲夏来临之际，天气逐渐炎热，皇帝在端午赏赐臣工扇子，不仅因其能祛暑降温——是表达体下臣子之情的绝佳之选；更重要的是通过扇子向臣工们传达清廉爱民的教诲。《明

清人绘　孝慎成皇后观莲像轴

清 弘历寿萱介石图并书问安即事诗成扇

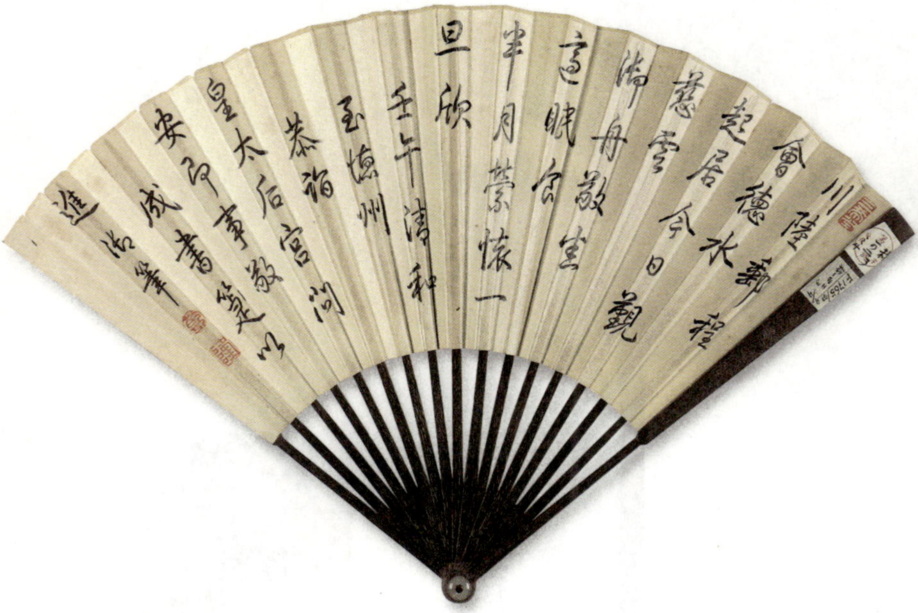

象牙扇是怎么制作的？

清代，象牙工艺十分发达，象牙扇的制作主要有两种方法。一种是编织，其制作程序复杂，要先将象牙浸泡在药水中使其软化，然后劈成宽不足一毫米、薄如细篾的牙丝进行编织。此牙丝编织工艺为广东工匠所擅长，雍正年间广东官员曾以象牙席进贡，后雍正皇帝以象牙席过于奢靡为由下旨禁止制作。另一种方法是雕刻，制作时要将象牙镟削成轻薄的牙片，之后使用钻孔梭锯进行细致镂刻。

清　象牙雕锦地纹嵌象牙雕石榴花团扇

清　陈枚　人物图册（局部）

宪宗实录》卷十六说：按照旧例，百官均能得到端午节皇帝赐扇，在景泰年间，开始命令工匠制作特别的扇子赐给经延侍班大臣，虽然有些不参与经延的大臣也赐，但是学士中却有人得不到，失去了皇帝端午赐扇子的本意。看来在景泰朝之前，明代端午赐扇的规模是十分巨大的。到了清朝清帝在端午节期间，亦会赏赐扇子，来联络感情，劝诫臣工，甚至还会将其作为外交礼品，如乾隆五十七年，乾隆帝便赏赐安南国国王阮光平芭蕉扇、宫扇等多柄，以示宠渥。

紫禁城中居住的明清两代皇帝在端午节进行的各种赏赐活

清　红色缂丝海鹤寿桃图面红木雕花柄团扇

清　红色缂丝海鹤寿桃图面红木雕花柄团扇（局部）

动，反映了皇帝对端午节本身的重视，同时也体现出皇帝希望通过这个节日来融洽君臣、君民及君王家族内部的关系，以助统治政权的稳固，而这不仅丰富了当时社会节日活动的内容，同时还传承了我国悠久的端午文化。

清　纳纱花蝶图面留青竹柄团扇

清 黄色纱贴绫绢桃树双鹤图面染雕骨柄团扇

清　黑色绸绣菊花双蝶图面竹柄团扇

清 白色羽毛扇

清 黑色羽毛扇

清人绘 胤禛行乐图像册（局部）

清宫用各式扇

司買賣
撥什庫
在三佛
菴恭諷
萬壽經
福祿來同八表共登仁壽域
所
烟
發

第三章

午日演剧

清宫的端午演剧，一般开始于五月初一，至五月初五端午节当日或五月初六日止，以初一、初五两日为主。其中最重要的剧目是「节令大戏」。

清宫在各节庆期间要演出与节庆相对应的剧目，称为节令大戏，这些端阳节戏，基本是对民间端阳习俗、传说的敷演。

樂奏鈞天
簫鼓奏雲璈內外咸稱戩穀
笙歌騰碧漢羣黎共祝遐齡
名烟

节令大戏《阐道除邪》

嘉庆元年敬事房档案记载：正月初一日，嘉庆皇帝接受过朝贺，便回继德堂看戏。然后帝后接受妃嫔、公主们行礼。此时的戏演至巳正二刻（十时半）停止，皇帝在东暖阁稍作休息。午正三刻（十二时四十五分），皇帝在惇本殿前乘轿由日精门至乾清宫东

清人绘　戏剧图册之「五毒传」

暖阁午宴。未正二刻（十四时半）午宴结束，皇帝经由龙光门、如意门，于未正二刻十分（十四时四十分）回到继德堂，与皇后和妃嫔一起看戏。酉初（十七时）传酒宴，酉初二刻（十七时三十分）酒宴结束，酉正（十八时）演戏结束。然后皇帝至东暖阁安歇。

清人绘　戏剧图册之「五花洞」

清人绘 万寿图卷（局部）

古北口大庄糧頭戲臺
堯天永戴咸登入壽年豐
舜日長輝共效衢歌巷舞

戏曲中的五毒形象

五毒一般指蛇、蝎子、蜈蚣、蟾与蜥蜴五种毒虫，在与端午节相关的节令戏中，成为端午节期间各种毒物妖魔的代表，幻化成精，作为反派角色与吕洞宾或张天师等降妖除魔的神仙混战在一起。在清宫《戏剧图册》之「五毒传」、「五花洞」、「二本五花洞」中可以见到他们在戏曲中的形象，多是张牙舞爪、怪异非常。

清人绘　戏剧图册之「二本五花洞」

明　五彩人物五毒图小盘

清　黄色缎平金绣五毒葫芦纹粉盒

吕洞宾

吕洞宾，即吕喦，唐代人，洞宾是他的字，因以纯阳子为道号，故而后世又称其为吕纯阳，是道教主流全真派祖师，民间「八仙过海」传说中八仙之一。他头戴纯阳巾，手执七星剑，法力神通能降妖除害，与端午节期间消灾除害的内涵相合，故而以其传说事迹为主要剧情的戏曲曲艺在端午期间多有搬演。

清 泥人张塑八仙像之吕洞宾

清 木七星宝剑

清 拼各色缎绣折枝花蝶金双喜字纹八仙衣之吕洞宾

清 纯阳巾

清　檀香木狮纽「纯阳驱邪宝印」

清人绘　戏剧图册之「青石山」

清 樊沂 张天师像轴

张天师

张天师，即张道陵，字辅汉，东汉人，道教天师道创始人。民间关于他的传说众多，在传说中张天师降妖伏魔，救护众多。而端午时期毒虫妖魔出没，民间多绘张天师骑艾虎以驱邪求安。后世戏剧也多以张天师驱魔降妖的故事敷衍剧情，在端午期间出演，以应节令。

清人绘　万寿图卷（局部）

明人绘 明世宗嘉靖帝朱厚熜像

此外端阳节戏中有一出十分著名的大戏叫《阐道除邪》，几乎每年必演，且连演数日，是端阳剧中最重要的一出。《阐道除邪》亦名《混元盒》，主要剧情是讲明朝嘉靖年间天师张捷进京面见嘉靖帝，一路上在各路神圣相助之下，与金花圣母率领的群妖相斗，并用法宝「混元盒」收服众妖，最后各路神圣齐贺「皇帝万万岁」，歌颂宇宙清平、风调雨顺、永庆升平。

清 月琴

宫内演戏机构昇平署现存最早的一册档案——嘉庆七年《旨意档》中即有《阐道除邪》一剧的演出记载。档案记载当年端午节前四月二十一日，皇帝交下《混元盒》的剧本，让内学写串关给皇帝看，皇帝来分派角色。内学是宫里演戏的太监伶人。串关为排戏的总本，其中要写明各个角色的唱词、念白以及演员在舞台上的表演身段以及所站的位置。串关经皇上看过、派定角色后，才能开始排戏。

午日演剧

清　木金漆龙首匏葫芦式藩部胡琴

虽然写好了串关，皇帝也派定了角色，然而当年的《混元盒》正式开演的时候，却出了差池，打错了锣鼓。而发现出错儿的人不是别人，偏偏是嘉庆皇帝本人，嘉庆帝大怒，《混元盒》刚演完便下旨：《混元盒》刚才打了上场锣鼓，错了。打错鼓的高吉顺重责三十大板，永远不许再为皇帝演戏。除此之外，高吉顺是他师傅百福「教出来的好徒弟」，百福罚俸一个月，永远无赏。

清 匏葫芦式三弦

清　木黑漆斗笙

清人绘 万寿图卷（局部）

清 竹镶骨横笛

清 翠箫

清 大铜锣

清 单皮鼓

清 小铜钹

丰富的杂耍与曲艺

清人绘 胤禛十二月景行乐图轴（十二轴之一局部）

端午节过节期间演剧，除了《混元盒》等大戏外，还有穿插于各出大戏之间的杂耍、曲艺等演出，亦由昇平署负责。这些杂耍、曲艺是端午节间活跃节日气氛的一种重要演出形式，不可或缺，且随着时代的推移，形式内容也越发丰富多彩。

嘉庆七年端午节期间，嘉庆帝和后妃们一起在圆明园福海澡身浴德观赏了一种叫台阁的表演。澡身浴德在福海东南隅，周围湖光山色，

普慶昇平

清人绘　普庆升平图卷（局部）

槓子

清人绘　普庆升平图卷（局部）

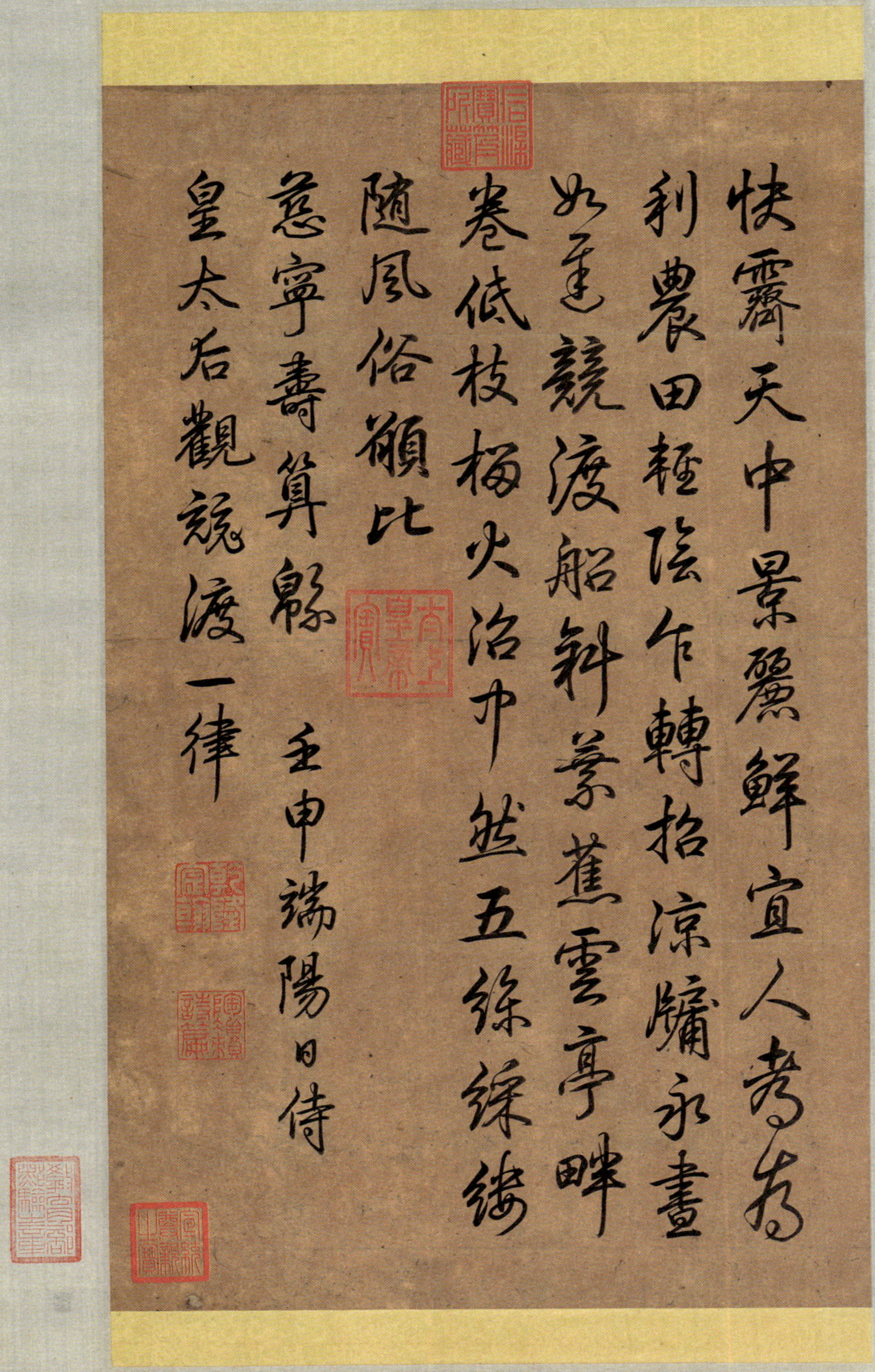

清　弘历　行书壬申端阳日侍皇太后观竞渡轴

清 天然木山子
嵌玉石人物花卉大盆景

风景优美，其正殿东向三间，是一处临水的轩榭建筑，每年端午节期间，宫中会在福海举办龙舟竞渡活动，皇帝会率领王公大臣等在澄虚榭观赏。期间表演的台阁又叫抬阁，是在很小的架子或阁子上由数人扮演一个戏曲故事的场景，会有乐队伴奏、唱曲子，如果将大型的演戏比作森林，那么台阁就是戏剧表演中的盆景，麻雀虽小五脏俱全，期间亦会有乐队伴奏、唱曲子。当天包括台阁在内的各种杂耍、曲艺表演并不是在戏台上表演，而是由舟船载着从水榭前过，更能体现出端午节的节日风情，湖上清风徐徐，水中仙乐飘飘，真可谓人间仙境，又一壶天。

清 嵌五色玻璃盆蜜蜡刘海戏蟾盆景

台阁与盆景

台阁和盆景都是微缩艺术，盆景是将自然中的树石景物微缩于盆中；而台阁则是将完整的戏曲故事情节微缩于小架子、小阁子上的一个场景。清宫旧藏盆景除自然景物盆景外，另有一类人物故事盆景，这类盆景多以传说故事中的一个情节为主题，如刘海戏蟾或三星献瑞等，配合背景山石等，将人物情节定格于花盆中，这与台阁演出的形式，并无二致。因为目前关于台阁演出没有图像资料，可将这些人物故事盆景作为台阁演出的一个侧面参考。

清　铜镀金叠花嵌珠宝
三星献瑞盆景

清人绘《万寿图卷》（局部）

道光三年端午节前，昇平署在圆明园望瀛洲进行了斗龙舟的排演，确定了每个杂耍、戏曲节目所乘的船只以及顺序。五月一日望瀛洲斗龙舟正式表演，期间包括了台阁、奏乐、唱曲、杂耍、戏法等各种杂耍、曲艺节目，种类十分丰富。其中还有彩台偶戏和效学线偶的表演，彩台偶戏和效学线偶都属傀儡戏，彩台偶戏的表演者称为「拿人」，应该就是布袋木偶，而线偶或许就是提线木偶。关于宫中木偶戏，当年英国使者马嘎尔尼在回忆录中记载过，称其只为内廷宫眷演出。另外还有「躲端午儿」的演出，躲端午是妇女回娘家过端午节的民间习

清 道光慎德堂款粉彩婴戏龙舟碗

清人绘 清宣宗道光帝旻宁朝服像轴

清 象牙镂雕龙舟

象牙镂雕龙舟

舟呈龙形，以象牙雕刻，采用镂刻、浮雕、圆雕、拼镶、染色等多种技法。舟上设楼阁三层，上层置伞盖旗幡，中层为宽阔平台，下层为船舱。每层雕梁画栋，玲珑剔透，舟中王母、天女、八仙、三星及船夫、乐手等四十二人。通过此件牙雕，可以想见当年龙舟水中演戏的情形。

五虎棍

清人绘　普庆升平图卷（局部）

少林棍

清人绘　普庆升平图卷（局部）

天秤

清　道光款粉彩百子龙舟撇口瓶

清 道光慎德堂款粉彩百子龙舟螭耳瓶

午日演剧

俗，这里为三人演出、两人伴奏，或为某种小戏。另外，八角鼓于此第一次露面于昇平署档案，称为「学八角鼓」，四人演出。

此后道光帝开始改之前皇宫演剧的成例，从道光三年后，以往每年必演的斗龙舟、台阁、木偶戏，便再也没有出现在端午的演出中。

清 红漆描金龙舟纹长方匣

本书内容节自《紫禁城》二〇一七年六月号张凌燕《中医文化视角下的端午节习俗》、宁霄《清宫端午节期间的戏曲演出》、周乾《明清皇帝端午节的赏赐活动》。

故宫出版